Frente a las luchas de
la vida espiritual

Frente a las luchas de la vida espiritual

Un camino ignaciano hacia la libertad

Timothy M. Gallagher, OMV

Traducido por Marta María Bianchi

Un libro de Crossroad
The Crossroad Publishing Company
Nueva York

The Crossroad Publishing Company
www.CrossroadPublishing.com
© 2021 por Timothy M. Gallagher, OMV

Las citas de las Sagradas Escrituras, en español, son tomadas de La Biblia de Jerusalén (https://www.bibliacatolica.com.br/la-biblia-de-jerusalen), versión en línea.

El uso del texto titulado «The Text of Fourteen Rules: Contemporary Version» ha sido autorizado por Sophia Institute Press.

Crossroad, Herder & Herder, y el logo/colofón de la letra C atravesada son marcas registradas de *The Crossroad Publishing Company*.

ISBN: 9780824571016

Diseño del libro: Tim Holtz
Diseño de la portada: George Foster
Traducción: Marta María Bianchi

Datos del Catálogo de publicaciones de la Biblioteca del Congreso.

Gallagher, Timothy M., author.
Frente a las luchas de la vida espiritual : un camino ignaciano
hacia la libertad / Timothy M. Gallagher, OMV.
Other titles: When you struggle in the spiritual life. Spanish
Description: Nueva York : The Crossroad Publishing Company, 2024.
Identifiers: LCCN 2023049328 (print) | LCCN 2023049329 (ebook) | ISBN
9780824571016 (trade paperback) | ISBN 9780824598266 (epub)
Subjects: LCSH: Ignatius, of Loyola, Saint, 1491-1556. Exercitia
spiritualia. | Spiritual life--Catholic Church. | Spirituality--Catholic
Church. | Spiritual exercises.
Classification: LCC BX2179.L8 G36318 2024 (print) | LCC BX2179.L8 (ebook)
| DDC 248.3/2088282--dc23/eng/20231124

Los libros publicados por *The Crossroad Publishing Company* pueden ser adquiridos a tarifas de descuento por cantidades especiales para su uso en clases e institucionales. Para mayor información, comuníquese al correo electrónico: sales@CrossroadPublishing.com.

Contenido

Agradecimientos

Agradezco a mi editor, Roy Carlisle, quien propuso un libro sobre la segunda regla; este libro no existiría sin su perspicacia. Agradezco a Gwendolin Herder de *Crossroad Publishing* por acoger este proyecto de inmediato y brindar apoyo para su publicación. Por último, agradezco a Emily Wichland por su ayuda dedicada y competente para convertir el manuscrito en un libro.

Introducción

Este libro es para todos los que aman al Señor, que buscan crecer en ese amor—y luchan. Quienes buscan a Dios, se sienten—en ciertos momentos y quizá con frecuencia— débiles y confundidos, pero buscan a Dios con sinceridad: estas son las personas a las que les habla san Ignacio.

Hace algunos años, escribí un libro de reflexiones personales sobre las catorce reglas para el discernimiento de san Ignacio de Loyola.[1] Cuando mi editor leyó el capítulo sobre la segunda regla comentó que el mismo, por sí solo, podría bastar para un libro. Nunca olvidé su sugerencia; la misma condujo a la redacción de este libro que aquí presento. En el mismo, vuelvo a presentar esos capítulos, con las adaptaciones sugeridas, en una edición independiente.

¿Qué son las reglas para el discernimiento de san Ignacio?

Todos experimentamos altibajos en nuestra vida espiritual. A veces estamos llenos de energía espiritual. La oración está viva. Sentimos la cercanía de Dios. Esperamos con ansias la Eucaristía. Exploramos nuevos pasos para progresar en el crecimiento espiritual.

Otras veces, y por motivos que quizá no entendamos, esa energía parece desvanecerse. La oración se dificulta. Nos cuesta hasta tener deseos de rezar y quizá recemos menos. Dios parece estar lejos. Las actividades de la Iglesia ya no nos atraen. Aquellos pasos nuevos que en otro momento parecían tan atrayentes, ahora nos atraen menos. ¿Quién, entre nosotros, desconoce estos momentos?

La primera vez que Ignacio se hizo consciente de estas experiencias fue durante su convalecencia por las lesiones recibidas en la batalla. Hasta sus treinta años de edad, su vida había estado alejada de Dios. Ahora, conforme los días lentos de sanación fueron transcurriendo, empezó a percibir en su corazón la respuesta a los pensamientos sobre vivir de dos formas muy diferentes: una mundana; la otra dedicada a Dios. En el primer caso, el entusiasmo inicial se convertía continuamente en vacío; en el segundo, el entusiasmo inicial conducía continuamente al gozo. Esta nueva consciencia cambió su vida por siempre. Fue el primer paso en un camino que conducía a la santidad y gran fecundidad en la Iglesia y en el mundo.

Maravillándose ante estos patrones en sí mismo, reflexionó sobre su significado. Al hacerlo, y conforme la oración, reflexión y mayor experiencia arrojaron más luz sobre estos altibajos, Ignacio formuló sus catorce reglas—guías prácticas—para ayudarnos a entender y navegar por esta misma experiencia.[2] Elaboró estas reglas en su libro clásico titulado *Ejercicios espirituales,* un manual para una experiencia de retiro de treinta días. Durante quinientos años, estas reglas han bendecido a los hombres y mujeres que aman al Señor y, hoy en día, su radio es más ancho que nunca.

Así como en el caso de Ignacio, nuestra vida espiritual cambia mucho cuando entendemos estas alternancias y sabemos cómo responder a las mismas. Durante cuarenta años, he visto la luz y esperanza que las reglas de Ignacio producen en los fieles. He visto sus reglas liberar a las personas del desaliento, y hacerlos libres para amar y servir al Señor.

¿Por qué un libro sobre la segunda regla?

Mi editor intuyó correctamente que la segunda regla de Ignacio es fundamental para la vida espiritual. En la segunda regla, Ignacio aclara lo que todos experimentamos cuando buscamos crecer en dirección hacia Dios: la acción alentadora del buen espíritu y las mentiras desalentadoras del enemigo. He visto el cambio de vida producido por esta regla. Cuando entendemos que estas mentiras desalentadoras *no son de Dios* sino del enemigo, ya no nos hacen daño, y somos liberados para amar al Señor. Al presentar las reglas de Ignacio, las personas con frecuencia exclaman: «¡Todos deberían saber esto!» Comparto esa convicción.

En este libro, exploraremos la segunda regla de Ignacio y examinaremos ejemplos de esta regla, en la práctica. También comparto mi propia experiencia con la segunda regla y cómo ha bendecido mi vida. La comparto porque, como se hará evidente, es tan común y tan parecida a la experiencia de muchos. Mis circunstancias—religioso y sacerdote, involucrado en ministerios específicos—son particulares, al igual que mi historia y personalidad. Pero creo que mi experiencia con las reglas es como la de cualquier persona, en cualquier circunstancia—laica; soltera o casada; que participa activamente en los negocios, el hogar, o en la Iglesia; mujer religiosa, diácono, o sacerdote—que busca vivir la vida cristiana. La sierva de Dios, Dorothy Day, afirma que «uno escribe sobre uno mismo porque, a la larga, todos los problemas del hombre son los mismos».[3]

Para ofrecer el contexto correspondiente a la segunda regla y también el texto de otras reglas a las que se hace referencia, he agregado dos apéndices. Ambos contienen el conjunto completo de las catorce reglas. En el primer apéndice, ofrezco el texto original en español de san Ignacio. En el segundo, presento su texto en un lenguaje más breve y contemporáneo. Inicialmente redacté esta versión para estudiantes universitarios. Cuando la publiqué en las redes sociales, encontré que fue ampliamente aceptada por un público mucho mayor. La incluyo aquí para quienes puedan encontrarla de utilidad.

Este libro puede ser leído de forma individual o grupal. Las preguntas de reflexión al final de los capítulos 3 y 4 ayudarán en ambos casos. Para quienes deseen profundizar más sobre las reglas de Ignacio, he brindado recursos adicionales al final de este libro.

Que la sabiduría de Ignacio nos brinde esperanza y energía renovada en nuestro camino espiritual.

La segunda,
de las catorce reglas de san
Ignacio para el discernimiento
de los espíritus:
El texto

En las personas que van intensamente purgando sus pecados, y en el servicio de Dios nuestro Señor de bien en mejor subiendo, es el contrario modo que en la primera regla; porque entonces es propio del mal espíritu morder, entristecer, y poner impedimentos, inquietando con falsas razones, para que no pase adelante; y propio del bueno dar ánimo y fuerzas, consolaciones, lágrimas, inspiraciones, y quietud, facilitando y quitando todo impedimento, para que en el bien obrar proceda adelante.

CAPÍTULO 1

El marco del texto

Dios desea que sepamos que nos protege en
todo momento, en la tristeza y en la alegría.

Julian of Norwich, *Revelations of Divine Love*

¿Quién podrá decir cuántos pensamientos pasan
por nuestra mente en el día? ¿Cuántos atisbos de
gozo, tristeza y ansiedad sentimos? Esta experiencia interior afecta nuestra vida espiritual de formas significativas.
Ignacio formuló sus catorce reglas para ayudarnos a tomar
consciencia de esta experiencia, entender aquello de la
misma que proviene de Dios y que no proviene de Dios, y
saber cómo responder a ella.

En sus reglas, Ignacio aclara cómo trabajan tanto el
enemigo como el buen espíritu. Por *enemigo*, se refiere a

satanás y a sus ángeles caídos conexos; la herida de la con-
cupiscencia—ese legado del pecado original que, a menos
que sea resistido, nos separará de Dios; y las influencias
espiritualmente dañinas en el mundo que nos rodea. Por
buen espíritu se refiere a Dios mismo, el Espíritu Santo; los
ángeles buenos; los dones concedidos en el bautismo—la
presencia interior de la Sagrada Trinidad, la gracia santi-
ficadora, las virtudes teológicas, todas las demás virtudes,
los dones del Espíritu Santo, y los carismas individuales—;
y, finalmente, todas las influencias de ayuda espiritual que
nos rodean en el mundo.

¡Estos protagonistas no son iguales! El primero es una
criatura caída—sí, de orden superior a nosotros pero,
aun así, nada más que una criatura caída; el segundo es
el eterno, omnipotente e infinitamente amoroso Dios.
Ambos son reales. Ambos actúan. Ambos deben ser
entendidos. Pero no son iguales. Las reglas de Ignacio, por
consiguiente, ofrecen mucha esperanza y confianza.

La segunda regla, nuestro enfoque en este libro, forma
parte de la primera. En estas dos reglas, Ignacio explica
cómo el enemigo y el buen espíritu trabajan en la persona,
dependiendo de la situación espiritual de la misma.

Si una persona vive en pecado grave confirmado, ¿cómo trabajará el enemigo y cómo trabajará el buen espíritu? Ignacio aborda este asunto en la primera regla[4]. En estas personas, nos dice, el enemigo trabaja en la imaginación, presentando imágenes de placeres sensuales. Llenada así la imaginación, la persona probablemente continuará en este camino, como desea el enemigo. El buen espíritu, por el contrario, picará y morderá la consciencia de la persona de tal manera que, si la persona está abierta a esta acción preocupante, rechazará la vida pecaminosa y regresará a Dios, nuestra única y verdadera fuente de alegría.

Sin embargo, cuando una persona ama a Dios, busca vivir acorde a su palabra, y desea acercarse más a Dios, ¿cómo trabajará el enemigo y cómo trabajará el buen espíritu? Ignacio responde a esta pregunta en su segunda regla. Lo más probable es que esta sea la situación, y el deseo espiritual, de quienes estén leyendo este libro. Por lo tanto, no encontrarán nada abstracto en esta segunda regla. Ignacio nos estará hablando directamente. Como tantos otros en el transcurso de los últimos quinientos años, descubriremos que entiende nuestra experiencia, la articula con claridad, y señala el camino a seguir.

Las reglas subsiguientes entrañan a la persona de la segunda regla. En ellas, Ignacio explica la consolación espiritual (los atisbos jubilosos del corazón en la vida espiritual) y la desolación espiritual (los atisbos pesados del corazón en la vida espiritual) y luego ofrece una riqueza de herramientas espirituales para responder a ambas.

Pero primero necesitamos entender la segunda regla. En quienes buscan a Dios con sinceridad, dice Ignacio, el enemigo utilizará cuatro tácticas; el buen espíritu, cinco. Estas tácticas son el tema de la segunda regla y de este libro.

CAPÍTULO 2

La persona: Aquella que crece en dirección hacia Dios

Me sentí renovada por Él en lo más profundo de mi ser, lista para una vida nueva, para el deber, para el trabajo previsto por Su providencia. Me entregué sin reserva, y le entregué el futuro.

Sierva de Dios Élisabeth Leseur,
Mi Espíritu se regocija

L a segunda regla de Ignacio es la siguiente:

Segunda regla. La segunda: En las personas que van intensamente purgando sus pecados, y en el servicio de Dios nuestro Señor de bien en mejor subiendo, es el contrario modo que en la primera regla; porque entonces es propio del mal espíritu morder, entristecer, y poner impedimentos, inquietando con falsas razones, para que no pase adelante; y propio del bueno dar ánimo y fuerzas, consolaciones, lágrimas, inspiraciones, y quietud, facilitando y quitando todos impedimentos, para que en el bien obrar proceda adelante.[5]

En esta regla, Ignacio nos habla a todos los que amamos a Dios y deseamos acercarnos a Él. Describe esta situación conforme a dos cualidades complementarias: estas personas «van intensamente purgando sus pecados» y, simultáneamente, van «en el servicio de Dios nuestro Señor de bien en mejor subiendo». Estas personas buscan, de forma enérgica, librarse del pecado y, así mismo, crecer en el servicio de Dios—activamente, buscan nuevos pasos para amar y servir a Dios de forma más plena. Un ejemplo concretizará el perfil espiritual que Ignacio pretende en esta regla.

La experiencia de Pedro

Pedro tiene cincuenta y tres años, es un hombre casado y padre de tres hijos. Fue criado como católico y, salvo por unos pocos años en la universidad, siempre ha practicado su fe. Para él, esto significa asistir a la misa dominical, asegurarse que sus hijos reciban los sacramentos, y rezar de vez en cuando.

Un domingo, al final de la misa, el párroco anunció un retiro parroquial y afectuosamente invitó a sus feligreses a asistir al mismo. El retiro se llevaría a cabo en una casa de retiro local durante la próxima celebración de Cuaresma. Pedro nunca había asistido a un retiro, y la idea de un fin de semana de charlas sobre la fe, momentos de oración, y espacio de tranquilidad le atraía. Esa noche, platicó con su esposa, quien lo alentó a que asistiera. Pedro se inscribió al retiro y aguardaba la experiencia con ansia.

Durante ese fin de semana, Pedro encontró las charlas cautivantes, y los momentos de oración, fructíferos. El sábado por la noche, participó en el servicio de penitencia con la subsiguiente preparación en la confesión común e individual. Pedro decidió recibir el sacramento y se acercó a uno de los sacerdotes, quien lo recibió con bondad y comprensión. Pedro generalmente se confesaba antes de la Navidad y de la Pascua. Pero esto era diferente. Las charlas, el silencio, y la oración lo prepararon para una experiencia más profunda del sacramento.

Pedro compartió con el sacerdote respecto su nueva conciencia sobre los hábitos que no eran espiritualmente buenos para él: formas de usar la internet y televisión que reducían su energía espiritual; tipos de conversaciones en las que se desviaba y que ahora se daba cuenta que eran dañinas; prácticas en su trabajo que eludían los límites morales; una lentitud para ayudar a su esposa e hijos cuando esto se contraponía a sus propios intereses.

Pedro habló abiertamente sobre esto con el sacerdote y la respuesta de éste fue de gran ayuda. Sus palabras levantaron el corazón de Pedro y lo ayudaron a experimentar el amor, la misericordia, y el perdón de Dios. Al salir del confesionario, Pedro sintió una paz profunda, que buscaba hacía mucho tiempo.

Esa noche, Pedro caminó por el terreno de la casa de retiro. Su corazón estaba lleno de un gozo silencioso. Se encontró con el deseo de empezar un nuevo camino espiritual. Pedro decidió que iría a confesión regularmente, y lo hizo después del retiro. Cambió su uso de la internet y la televisión, eliminando las prácticas dañinas. Se distanció discretamente de las conversaciones destructivas y de las prácticas comerciales cuestionables. Se esforzó por sobreponerse al egocentrismo que limitaba su amor por su esposa e hijos. En términos de Ignacio, Pedro es ahora una persona que, con confianza humilde en Dios y esfuerzo diligente, *va intensamente purgando sus pecados*.

Al hacer esto, sucedió algo más. Pedro se volvió más paciente con sus hijos y más presente con su esposa. Estaba más contento en el trabajo y más dispuesto para ayudar a otros, que apreciaban su nueva atención para con ellos.

Durante el retiro, Pedro se enteró de un grupo de hombres en la parroquia que se reunía los miércoles por la mañana, antes de dirigirse al trabajo. Se unió al grupo y disfrutó del compartir y las charlas. Algunos de los hombres asistían a misa diaria, y a los pocos meses, Pedro también empezó a asistir a misa, algunas veces, entre semana. Conforme transcurrieron las semanas, esta práctica se volvió más frecuente. El nuevo interés de Pedro en su fe, propició pasos similares por parte de su esposa, y un nuevo espíritu de fe y armonía fue creciendo de forma gradual en su hogar. En términos de Ignacio, Pedro ahora era una persona *en el servicio de Dios nuestro Señor de bien en mejor subiendo*.

El perfil de la segunda regla

Otros ejemplos podrían incluir a la mujer casada que toma nuevos pasos para eliminar los obstáculos espirituales y aumentar la oración y el servicio al Señor en su vida familiar; el joven que empieza sus estudios en el seminario con deseo enérgico de crecer en el amor y servicio a Dios; la persona soltera que toma nuevos pasos en su vida espiritual; la mujer que ingresa a una comunidad religiosa y ahora busca una cercanía nueva con, y un servicio más fiel al Señor; el sacerdote que siente nuevos deseos espirituales, elimina las prácticas poco útiles de su vida, y cuya dedicación hacia sus feligreses aumenta. En cada uno de los casos, el perfil de la segunda regla está presente: estas son las personas cuya liberación del pecado aumenta y cuyo amor y servicio a Dios crece.

En la segunda regla, Ignacio esboza *cuatro* tácticas *básicas* del *enemigo* que buscan *impedir* el crecimiento espiritual de estas personas. Así mismo, nombra las *cinco tácticas básicas* del *buen espíritu* que buscan *facilitar* el crecimiento de estas personas. Con el transcurso de los años, he llegado a considerar ésta como una regla fundamental. Si las personas que aman a Dios la asimilan bien, encontrarán que entienden gran parte de su experiencia espiritual y, por ende, saben cómo responder a la misma. Estudiaremos primero las tácticas del enemigo y luego, las del buen espíritu.

CAPÍTULO 3

Cuatro tácticas del enemigo

¿No has intentando superarte y ser mejor que
antes, sin tener resultado alguno? Entonces
¿de qué sirve seguirlo intentando?

Leo Tolstoy, *Resurrección*

Ignacio nombra cuatro tácticas mediante las cuales el enemigo busca impedir el crecimiento de estas personas. El enemigo, nos dice, intentará «*morder, entristecer y poner impedimentos, inquietando con falsas razones*». Repasaremos cada una.

Morder

Ignacio nos dice que el enemigo intentará morder—es decir, roer—la paz y gozo que experimentan estas personas que progresan, conforme crecen. La palabra de Ignacio, *morder*, expresa precisamente esto: la acción de morder, roer. De esta manera, el enemigo busca debilitar la energía de crecimiento de las personas, conduciéndolas a que desistan en sus esfuerzos.

Esta es una táctica común del enemigo. La veo con frecuencia en mi experiencia propia y en la de otros. Podría presentarse así: «Sí, eso (nuestra oración, nuestro servicio al Señor, nuestro vivir de nuestra vocación, nuestro amor a otros, y sucesivamente) estuvo bien, pero...» El «pero» podría estar seguido por varias formas de roer:

- «Sí, estuvo bien, pero ¿por qué te tomó tanto tiempo?»
- «Sí, estuvo bien, pero presionaste mucho.»
- «Si, has crecido en esta área, pero ¿por qué no la abordaste antes?»
- «Sí, estuvo bien, pero pudiste haber hecho más».
- «Sí, hiciste eso, pero no durará.»

Esta dinámica de «Sí... pero...» podría darse de estas y otras formas similares. Ese roer no es un incentivo para pecar sino sencillamente un intento de reducir nuestra energía espiritual. Si no estamos conscientes de esta acción del enemigo, nos agobiará. Si estamos conscientes de ella, la nombramos como la mordedura del enemigo que es y la rechazamos, nuestra energía para el crecimiento espiritual continuará con fuerza.

En una carta de dirección espiritual, Ignacio escribe que si el enemigo «ve que . . . una persona evita no sólo el pecado mortal y todo pecado venial (tanto como este último sea posible, pues no podemos evitarlos todos) sino también intenta hasta apartarse de la mera apariencia del más leve pecado, imperfección, y defecto, entonces él trata de oscurecer y confundir esa consciencia buena al sugerir el pecado en donde no lo hay, cambiando la perfección en defecto, con la única finalidad de *acosar y hacer sentir incómoda y miserable a la persona*. Cuando no logra o siquiera espera poder inducirla al pecado, como sucede con frecuencia, por lo menos intenta irritarla.»[6] *Acosar,* hacer que la persona que está creciendo *se sienta incómoda y miserable*, y luego, cuando no puede inducirla al pecado, por lo menos intenta *irritarla*: Esto describe la táctica de *morder* del enemigo, a la perfección.

Como es, en general, cierto en estas reglas, Ignacio escribe desde la experiencia. Después de su conversión, Ignacio pasó tres días en la abadía benedictina de Santa María de Monserrat, preparando y haciendo una confesión transformadora de vida. Unos meses más tarde, en un momento de enorme crecimiento espiritual, una idea con respecto a esa confesión comenzó a preocuparlo. Ignacio relata lo siguiente sobre sí mismo: «Aunque la confesión general que había hecho en Montserrat fue realizada con gran diligencia y completamente por escrito, como ya se ha dicho, a veces, sin embargo, le parecía que no había confesado algunas cosas, y esto le causaba mucha aflicción».[7] En un momento en que Ignacio se encuentra «purificando sus pecados de forma intensa» y «de bien a mejor subiendo» en el servicio de Dios, el enemigo no intenta conducirlo al pecado de forma inmediata sino sencillamente *muerde* y roe la paz que Ignacio, de lo contrario, sentiría en Dios.

¿Estamos conscientes de esta táctica del enemigo en nuestra propia experiencia? ¿La nombramos y rechazamos?

Entristecer

Además, afirma Ignacio, el enemigo intentará *entristecer* a la persona que esté ascendiendo espiritualmente. Pedro, por ejemplo, experimenta un gozo silencioso por la novedad espiritual que ha entrado a su vida, liberado nuevamente de la pecaminosidad, con fe más animada, y mayor energía para amar en su hogar y en su lugar de trabajo. No obstante, llega el día en que nota una disminución de ese gozo. Ahora su oración, involucramiento en la parroquia, y sus esfuerzos por amar están revestidos de tristeza. Su energía espiritual está ahora mitigada, y ya no siente «ningún gusto o placer espiritual» por las cosas de Dios.[8] Podrían surgir preguntas pobremente articuladas pero sentidas a profundidad: «¿Por qué seguir con todo esto cuando ya no hay gozo en ello? ¿Cuál es el valor de todos estos esfuerzos?»

Si Pedro no está consciente de esta táctica del enemigo y no la rechaza, la tristeza que siente podría llevarlo a abandonar sus esfuerzos por ir «de bien a mejor subiendo» —y este es el propósito del enemigo. Todos los que estén creciendo en el Señor muy bien podrían experimentar esta táctica del enemigo.

Poner impedimentos

Conforme Pedro continúa buscando su crecimiento espiritual, el enemigo intentará *poner impedimentos* en su camino. Lo mismo aplica para todo aquel que busca progresar en el amor y servicio a Dios.

Cuando Agustín busca liberarse de su vida anterior de pecado, nos dice lo siguiente: «Las cosas más frívolas y de menor importancia, que solamente son vanidad de vanidades, esto es, mis amistades antiguas, ésas eran las que me detenían, y como tirándome de la ropa parece me decían en voz baja: *'pues qué, ¿nos dejas y nos abandonas? ¿Desde este mismo instante no hemos de estar contigo jamás? ¿Desde este punto nunca te será permitido esto ni aquello?'*»[9] De forma ligera detrás de estos susurros existen preguntas como estas: «¿Quieres cambiar? ¿Quieres ser libre de tus pecados? ¿Cuántas veces lo has intentado? ¿Cuánto a durado en realidad? ¿Qué te hace pensar que esta vez será diferente? Te conoces a ti mismo. Sabes que eres débil. Sabes que no puedes vivir sin esto».

Tal es la táctica del enemigo en las personas que buscan el crecimiento espiritual: *impedimentos, impedimentos, impedimentos*. Estas personas también escucharán los susurros del enemigo: «Eres demasiado débil. No puedes lograrlo. ¿Por qué abrigar esperanzas? ¿Por qué hacer esfuerzos que no te llevarán a ningún lado?» Pregunto: ¿Alguno ha escuchado susurros tales al tener deseos de crecer espiritualmente?

Nekhlyudov, el protagonista principal de la novela *Resurrección* de Tolstoy, desea ascender de las profundidades morales en las que ha caído. Al contemplar este paso, él también experimenta la acción de poner impedimentos por parte del del enemigo: «´¿Acaso no intentaste superarte y ser mejor antes, sin resultado alguno?', susurró la voz del tentador en el interior. '¿De qué servirá seguir intentando? No eres el único—todos son iguales—la vida es así', susurró la voz'».[10]

Gerald es un hombre casado de cuarenta y un años de edad quien, después de haber estado alejado de la Iglesia durante veinte años, volvió recientemente a los sacramentos. Lleva ya seis meses de asistir fielmente a la misa dominical con su familia y está haciendo esfuerzos sinceros por superar sus anteriores patrones pecaminosos. Se regocija de la nueva paz que vive y la nueva armonía familiar y laboral que existe.

Hoy, Gerald está asistiendo a la misa dominical. El Evangelio es Lucas 11: 1–13: «Señor, enséñanos a orar». El sacerdote ofrece una homilía sencilla pero sincera sobre la oración e invita a los feligreses a que consideren pasar diez minutos cada día en oración con las lecturas de la misa correspondientes a ese día. Mientras escucha, Gerald siente la cercanía de Dios, y su corazón se llena de gratitud hacia Dios por la bondad que está llenando su vida. Un pensamiento se asoma: «Si sencillamente rezar una vez a la semana en la misa dominical ya está marcando esta diferencia, ¿qué sucedería si hago lo que el padre sugiere y rezo diariamente?» Y llegan otros pensamientos: «Sin duda podría hacer arreglos en mi mañana para apartar diez minutos cada día. Y, realmente, lo único que necesito hacer es pedirle ayuda a mi esposa, porque ella lo ha estado haciendo durante varios años. Estará feliz de enseñarme cómo encontrar las lecturas y empezar». Gerald decide que hablará con su esposa esa noche y empezará esta práctica la mañana siguiente.

El día prosigue con sus diversas actividades. Durante la cena, surge una tensión entre Gerald y su hijo adolescente, y no se resuelve bien. Esta tensión agobia el corazón de Gerald con el transcurrir de la noche. Ahora los niños están durmiendo; Gerald está en su estudio preparándose para el trabajo de la mañana siguiente. Se recuerda que había pensando hablarle en este momento a su esposa sobre los diez minutos de cada día con las Escrituras.

Ahora, sin embargo, sus pensamientos son otros: «¿A quién estás engañando? Has estado lejos de la Iglesia durante veinte años, y mira cómo has vivido. Nunca siquiera has leído las Escrituras. ¿Qué te hace pensar que entenderás cosa alguna escrita en ellas? ¿Por qué abordar a tu esposa sobre una práctica que sin duda fracasará? Sólo te avergonzarás y la avergonzarás a ella. Tuviste una agradable experiencia en misa esta mañana, pero eso no cambia nada. No durará». *Impedimentos, impedimentos, impedimentos* . . . en el camino de quien en el servicio de Dios de bien a mejor va subiendo.

Claramente, lo que sucederá a continuación importa. Si Gerald sucumbe a la acción de poner impedimentos del enemigo y no habla esa noche con su esposa, ¿qué sucederá después? ¿En un mes? ¿En un año? ¿En cinco años? Pero si Gerald, con conciencia y valentía espiritual, rechaza la acción del enemigo, se sostiene con firmeza en la gracia de la misa matutina, habla con su esposa, y empieza la oración de diez minutos la siguiente mañana, ¿cómo será la oración en una semana, un mes, un año, y cinco años? *Aquí mismo*, en el silencio de esta noche, Gerald tomará una decisión clave respecto a su crecimiento espiritual. Y *aquí mismo*, Ignacio quiere ayudarnos. La mayor parte de la vida espiritual consiste precisamente de estas situaciones y decisiones—decisiones silenciosas, mayormente invisibles, «pequeñas», que forman nuestro trayecto espiritual. La sabiduría de las reglas ignacianas—vivir una vida de discernimiento—puede marcar la diferencia por completo.

Inquietar con falsas razones

Esa noche, el enemigo podría también intentar otra táctica. Podría buscar *inquietar* a Gerald con *falsas razones*. Podría sugerir razones para que desista de rezar diez minutos al día. Ya que «es mentiroso y padre de la mentira» (Juan, 8:44), estas serán razones *falsas* y tendrán un efecto debilitador en el corazón de Gerald: Lo *inquietarán*, reducirán su energía afectiva para el crecimiento.

El enemigo podrá presentar «razones» como estas: «¿Quieres empezar la oración diaria con las Escrituras?

¿Realmente sabes de qué se trata? Has recibido comentarios buenos sobre tu nuevo trayecto espiritual, y te gustan los cumplidos. Quieres más de ellos. ¿Y sabes qué más está sucediendo con este deseo? No lo admitirás, pero estás compitiendo con tu esposa. Quieres ser tan espiritual como ella. Y si vas a ser realmente honesto, admitirás que quieres que tus hijos te consideren un poco más espiritual que ella». Todas estas y otras «razones» similares son falsas. Nada de esto estuvo presente en esa misa dominical; es más, sólo hubo una sensación de alegría y de gratitud respecto a la cercanía de Dios, con el deseo de crecer en la vida espiritual. Sin embargo, si Gerald desconoce esta táctica del enemigo, estas falsas razones podrían inquietarlo y debilitar su decisión de seguir avanzando.

He visto cómo esta táctica del enemigo adopta varias formas. Cuando la gente crece en la vida espiritual y al vivir su vocación, el enemigo podría susurrar lo siguiente: «Ves, jamás antes fuiste auténtico». Si creen esta mentira, el gozo del crecimiento se transformará en inquietud del corazón.

En momentos de progreso espiritual, de novedad en la oración, de entendimiento, y de servicio, surgen preguntas como estas: «¿Por qué no rezabas así antes? ¿Por qué no te entregaste así al servicio antes? Algo no está bien contigo. Te toma demasiado tiempo dar estos pasos». La verdad es precisamente lo contrario: el crecimiento bendito y fructífero está ocurriendo en la vida de estas personas. De nuevo, si creen estos falsos razonamientos, sus corazones se inquietarán. Cuando el trayecto del crecimiento incluye luchas, podríamos escuchar una voz que dice: «Es demasiado tarde. ¡Ves lo que has hecho! ¡Mira cómo has vivido! Has estropeado las cosas y eso no se puede revertir. Fracasaste en tus esfuerzos por amar a Dios, y ahora es demasiado tarde. Jamás puede cambiar». O una leve variación de esto: «Mira como luchas. Vas en retroceso en tu vida espiritual. Todo acabará muy mal».

El enemigo podría intentar inquietar con falsas razones aun de otra forma. Cuando las personas que aman al Señor se encuentran con el surgimiento de pensamientos y deseos contrarios a ese amor en sus corazones, podrían perturbarse: «Ya ves, ¡mírate! Sientes esos deseos. Tienes esos pensamientos. No eres digno de la cercanía con Dios. Eres un fracaso en la vida espiritual. Y nunca cambiarás».

Juan de la Cruz nos habla sobre pensamientos y deseos *voluntarios* que *dañan* el crecimiento espiritual y luego, hablando sobre los pensamientos y deseos *involuntarios* que *no lo dañan*, dice:

> De los demás apetitos naturales que no son voluntarios, y de los pensamientos que no pasan de primeros movimientos, y de otras tentaciones no consentidas no trato aquí, porque estos ningún mal de los dichos causan al alma. Porque aunque a la persona por quien pasan le haga parecer la pasión y turbación que entonces le causan que la ensucian y ciegan, no es así, antes la causan los provechos contrarios. Porque, en tanto que los resiste, gana fortaleza, pureza, luz y consuelo y muchos bienes. Según lo cual dijo Nuestro Señor a san Pablo (2 Corintios 12, 9)[11] que la virtud se perfeccionaba en la flaqueza.

Apetitos naturales que no son voluntarios... pensamientos que no pasan de primeros movimientos o ... tras tentaciones no consentidas: saber que estas no son pecaminosos y que, por el contrario, crecemos al resistirlos, cierra la puerta a muchas falsas razones mediante las que el enemigo busca inquietarnos. La expulsión de las falsas acusaciones del enemigo de estos lugares sensibles del corazón despierta la esperanza y energía para el trayecto.

Las tácticas dañinas del enemigo: Algunos ejemplos

Cito lo siguiente de lo que he escrito en mis diarios a lo largo de los años. Los cito como representativos—en la experiencia personal de una persona— de cómo estas tácticas del enemigo pueden presentarse en la vida diaria.

«Tres formas de morder en mi oración»

Tomado de las notas sobre una reunión de dirección espiritual con el padre Ed, mi director espiritual durante muchos años:

Hoy el padre Ed me ayudó a ver tres diferentes formas en que el enemigo «muerde» mi paz cuando rezo. Con su ayuda, vi lo siguiente:

Cuando me siento atraído a pasar tiempo en silenciosa oración, sólo con el Señor y sin mucha actividad mental, y me parece sustancioso y gozoso, hay una voz que dice: «Realmente no estás orando. Deberías estar haciendo más, reflexionando en un pasaje de las Escrituras, usando mejor el tiempo». Esta voz despierta un leve sentimiento de inquietud que pesa en mi oración. No es clamoroso; sólo mina el gozo. Por no ser clamoroso, no lo veo con facilidad.

Cuando quiero compartir cosas «pequeñas» con el Señor, pedirle ayuda en mis asuntos diarios, o compartir preocupaciones diarias sobre mi trabajo, relaciones, proyectos, pequeñas tensiones y cosas similares, hay una voz que dice: «Con todos los verdaderos problemas que hay en el mundo, personas en plena guerra y con hambre, sufrimiento físico profundo, y vidas destrozadas, debería darte vergüenza presentarle estas preocupaciones pequeñas al Señor. Con tantas grandes necesidades en el mundo ¿le estás pidiendo ayuda con estas pequeñas cargas?» El padre Ed citó las palabras de Jesús de que hasta los cabellos de nuestra cabeza están contados, que ni un solo pájaro está olvidado por Dios (Lucas 12:6–7).

Todo en la vida es importante para Dios, y esta vacilación que pesa sobre mi libertad en compartir estas cosas en oración porque son tan pequeñas es la mordedura del enemigo. Debo rechazarla.

A veces recuerdo los escritos de las figuras espirituales como Juan de la Cruz quien dice que muchos llegan al umbral de la oración profunda, se quedan cortos; nunca avanzan. Cuando mi oración parece árida o difícil, después de todos estos años, a veces pienso en esos escritos y me pregunto si me encuentro entre estas personas. Esto, también, despierta una sensación silenciosa de carga, sólo un hilo, ni recio ni en primer plano, pero causa duda y un poco de inquietud. También esto, dice el padre Ed, es la «mordedura» del enemigo y debe ser rechazado.

Podríamos, de estas maneras, experimentar esta «mordedura» del enemigo, debilitando silenciosamente el gozo de nuestro trayecto espiritual. Es una bendición verla y liberarnos de ella.

«Pudiste haber hecho más»

Noté lo siguiente después de algunas semanas de escribir, cuando estaba por irme de la parroquia que me había hospedado y volver a mi residencia comunitaria. La parroquia estaba cerca de mi residencia familiar, y me encontraba allí para poder ayudar a mi madre, mientras escribía. En ese momento ella estaba sola, su salud debilitada y necesitada de la familia. Los días, divididos entre la parroquia, la escritura, y la familia, eran intensos y fructíferos. Iba a irme al día siguiente.

No siento energía para trabajar hoy, y debo hacerlo. Tengo que empacar y alistar el automóvil. Todo debe estar organizado para que pueda salir mañana por la mañana. Realmente no sé qué quiero. Probablemente sea tener de nuevo mi propio trabajo y vida. Quizá una parte sólo tenga que ver con la transición. No ha sido fácil estar aquí, y extraño mi propio entorno.

Tengo cierto sentido de culpa pues no he trabajado en la redacción, durante los últimos días. El padre Ed me aconsejó que no lo hiciera, y tomar estas cosas con menos seriedad, me ha ayudado. Ahora he recuperado un poco de energía. Las decisiones que enfrenta la familia han requerido de mucha energía.

Pienso que quizá haya alguna desolación espiritual en esto. En realidad, las cosas han salido bien con la redacción y he podido ayudar a mi familia en formas significativas. La voz acusadora es severa: ambas palabras, acusar y severidad, me dicen algo respecto al espíritu que está obrando. Los pensamientos son: «Debiste haber hecho más. Debiste haber trabajado más arduamente. No estás haciendo tanto como otros a quienes conoces. Les dices a todos que has hecho mucho, pero sabes que pudieras haber hecho más».

Aquí están las señales del enemigo: Las acusaciones y la severidad. La verdad es que no trabajé en la redacción la semana pasada porque, aunque lo intenté, los problemas familiares ocuparon todo mi tiempo y energía. El padre Ed lo confirmó cuando conversamos. Si hubiera intentado escribir independientemente de las circunstancias, habría acabado sumamente exhausto.

Pienso que lo que realmente me molesta es lo siguiente: el enemigo está obrando en estas acusaciones. Sencillamente debo soltarlas.

Creo que cuando escribí esas palabras estaba viendo claramente cómo el enemigo, obrando en espacios vulnerables en mi corazón, estaba «mordiendo» con respecto al tiempo que en términos relacionales había sido enriquecedor, y fructífero, en términos de escribir. Haber descrito esto en el diario me ayudó a ver las cosas con aún mayor claridad.

«Llegaré al final sin mayor esfuerzo»

El siguiente registro fue escrito el quinto día de un retiro de prédicas de seis días de duración. Cada día presenté dos charlas y me reuní individualmente con los participantes del retiro. Aún puedo ver el aula y el escritorio en el que estaba sentado cuando escribía en mi diario. Objetivamente, el retiro estaba yendo bien y la gente era receptiva.

El espacio vulnerable era el cansancio acumulado a lo largo de los días y el sentimiento de soledad mientras escribía:

> Puedo ver varias tácticas del enemigo en este momento del retiro. El sentimiento de que, faltando sólo tres charlas, «estoy cansado de esto», con el corazón pesado. Cuando faltaban dos charlas, tuve una sensación de "Se acabó", nuevamente pesadez y falta de deseo de presentar las charlas restantes. De este mismo lugar pesado surgió el pensamiento. «No quiero 'esforzarme' en preparar otra charla. Hasta ahora, todo ha ido bien; ahora llegaré al final sin mayor esfuerzo».

Así, veo la acción entristecedora del enemigo. Sin duda, después de cinco días intensos de guiar un retiro, cierto cansancio físico y emocional era natural. Pero los sentimientos espirituales pesados y tristes descritos aquí no eran objetivos y, a menos que fuesen rechazados, mermarían mi dedicación y gozo en este servicio.

«Este será un camino largo y difícil»

Una forma en que experimento los impedimentos que pone el enemigo es la sensación de que un nuevo paso espiritual que espero tomar será posible, pero sólo después de muchos años de arduo esfuerzo. El efecto es el de eliminar cualquier esperanza de tomar este paso en el presente o en el futuro cercano.

¡Sospecho que no soy el único! El siguiente registro resume el consejo del padre Ed después de reunirme con él:

En todo, sea cual sea la carga que sientas, busca rápidamente a las Personas de la Trinidad, a María, y pide ayuda. Rechaza la sensación de «No puedo hacerlo, será insoportable, el futuro irá mal . . .» Vuélcate en la Trinidad y pide ayuda. Estarán anhelosos de estar contigo y ayudarte. Cambia la actitud en la que sientes que debes hacer que las cosas sucedan, y abre tu corazón para recibir la gracia y fortaleza que el Señor quiere darte mientras haces estas cosas.

No es difícil de hacer. Es fácil y sencillo. El enemigo pondrá impedimentos, lo hará parecer como un cambio enorme, importante, lento y difícil; que esta transición de empujar a recibir exige un camino largo y dificultoso. No es así; es fácil. Sólo tienes que pedir y recibir. Se puede hacer ahora mismo.

«Una silenciosa y suave fuente de preocupación»

Lo que presento a continuación también es de varias semanas en la parroquia antes mencionada, cuando escribía y ayudaba a mi madre. El párroco y yo acordamos que celebraría una misa diaria y luego estaría libre para atender a estas otras responsabilidades. Las semanas fueron fructíferas, y las agradecí. Un día, detecté algunos pensamientos preocupantes y una respuesta a los mismos:

En donde hay frutos, parece que habrá un ataque. Las acusaciones del enemigo aún están presentes: «Te levantas antes que los demás sacerdotes. Eres orgulloso; compites con el párroco que también se levanta temprano. Intentas impresionar a los otros sacerdotes». No, sólo estoy trabajando al ritmo de lo que funciona mejor para mí, respecto a mi tiempo para escribir.

Nuevamente: «Estas trabajando duro, te estás empujando, agotando. Esto no es lo que quiere Dios. Viene de ti». No, después de algunas semanas de estar escribiendo, me siento bien, estoy contento en el trabajo, me da ilusión y, en general, mantengo un ritmo saludable. Sí, podría tomar descansos antes, en algunas instancias, pero esto es muy diferente a las mentiras del enemigo. Es su manera de tomar algo pequeño y convertirlo en una fuente de preocupación silenciosa y suave.

Finalmente: «No estás ayudando mucho con las misas, cuando hay tanto que hacer en la parroquia». Esto me puede llevar a vivir mis días con un sentimiento inquietante. Nuevamente, el orden estaba claro con respecto a por qué estaba aquí, y en qué debía ocupar mi tiempo.

Necesito prestar esta atención a las tenues mentiras del enemigo, expresadas de forma moderada y silenciosa, que pueden causar tribulación en mi alma, aminorando la paz; una agitación que no es dramática sino solo una pizca.

Creo que todo esto era un intento del enemigo por inquietar con falsas razones. El contraste de estos pensamientos inquietantes con la riqueza de lo que de hecho sucedía, era impresionante.

La verdad te hará libre

Los placeres que propone el enemigo, escribe Ignacio, son *aparentes* (regla 1), y sus razones, *falsas* (regla 2). Todo lo que sugiere el enemigo es o una mentira completa o una verdad tergiversada de alguna forma. Quienes aman a Dios y buscan el progreso espiritual me dicen cuán transformador de vida es darse cuenta que la voz que muerde, entristece, pone impedimentos, y crea inquietud con falsas razones *no es la voz de Dios* sino más bien la del enemigo. Esta realización abre el camino hacia la libertad.

Cuando quienes *crecen en dirección hacia Dios* (regla 2) confunden el morder, entristecimiento, puesta de impedimentos y acción inquietante del enemigo con la acción punzante del buen espíritu en quienes *se alejan de Dios* (regla 1)—una situación totalmente diferente a las suyas propias—el resultado es de dolor. Cuando con buena voluntad, pero sin la formación espiritual necesaria, creen que esta acción preocupante del enemigo es realmente el espíritu bueno que habla la verdad sobre su situación espiritual, lo que sigue es el desaliento. Por el contrario, cuando entienden que esta acción preocupante del enemigo es toda una mentira, que no es la palabra de Dios para ellos, que no define su identidad espiritual, *están en el camino hacia la libertad*. Entonces saben que esta acción preocupante debe ser rechazada como la mentira que es. Este reconocimiento puede transformar vidas.

Hay quienes me han dicho que cuando sintieron esta mordedura y acción inquietante del enemigo, pensaron que quería decir que *eran malos*. Saber que no son los autores de esta experiencia, que surge de otro agente—el enemigo—y que es una experiencia ordinaria en el trayecto espiritual, produce enorme libertad. Entonces pueden tomar pasos para rechazar estas tácticas del enemigo.

Preguntas para la reflexión

Repasa tu experiencia con las cuatro tácticas del enemigo y con el Señor; prepárate para nombrar y rechazarlas en tu vida diaria:

¿Qué te desalienta en tu vida espiritual? ¿Cómo describirías la táctica de morder del enemigo en tu experiencia?

¿Cómo has experimentado la táctica de «Sí . . . pero . . . » del enemigo? ¿En qué forma se presenta para ti? ¿Qué te ayudaría a rechazarla?

¿Cómo ha traído el enemigo tristeza a tu relación con Dios y para vivir tu vocación? ¿Puedes describir la tristeza que trae con palabras? ¿En qué maneras específicas estás susceptible a esta tristeza? ¿Qué puede ayudarte a rechazar esta tristeza?

¿En qué forma has escuchado insinuaciones del enemigo como, por ejemplo, «Nunca serás . . . No podrás . . . Siempre fracasarás en . . . Sabes que no perseverarás . . . »? ¿En qué situaciones las escuchas? Nombra las formas en que experimentas la acción de poner impedimentos por parte del enemigo. De nuevo, ¿qué puede ayudarte a rechazar esto?

¿En qué circunstancias te encuentras «tratando de entenderlo todo» y hundiéndote en desaliento? En esos momentos, ¿cómo intenta inquietarte el enemigo con falsas razones? Nombra las falsas razones. Planifica cómo rechazarlas, con el Señor.

CAPÍTULO 4

Cinco tácticas del Buen Espíritu

Pues qué ¿no has de poder tú lo que han
podido y pueden todos éstos y éstas? . . .
Arrójate con confianza en los brazos del
Señor, y no temas, que no se apartará para
dejarte caer.

San Agustín, *Confesiones*

Ahora volvemos la mirada a la labor de la gracia en quienes aman a Dios y luchan por ir «de bien en mejor subiendo» en el servicio de Dios. Para Ignacio, la última palabra es siempre la gracia y la redención. Siempre me he deleitado en esta dimensión de estas reglas: expresan una espiritualidad de redención, con una consciencia profunda y alegre de «la gracia suficiente» (regla 7) de

Dios que nos ayuda a «resistir a todos nuestros enemigos» (regla 11) en el trayecto espiritual. Si el enemigo está obrando en quienes crecen hacia Dios (regla 2, primera parte), la gracia de Dios está obrando mucho más, fortaleciéndolos en este crecimiento (regla 2, segunda parte).

Ignacio nombra varias maneras en las que el buen espíritu ayuda a quienes buscan ascender espiritualmente. En esas personas, nos dice, el espíritu bueno dará «ánimo y fuerzas, consolaciones, lágrimas, inspiraciones, y quietud, facilitando y quitando todo impedimento». Como hicimos con la primera parte de la segunda regla, ahora examinaremos y ejemplificaremos estas tácticas.

«Ánimo y fuerzas»

Cuando quien participa en el retiro ignaciano está desolado y lucha contra la tentación, Ignacio escribe que su director no debe ser severo sino tierno con él «dándole ánimo y fuerzas para seguir adelante» (*SpirEx 7*). Ignacio emplea precisamente el mismo vocabulario aquí para describir el obrar del buen espíritu para quienes crecen en dirección hacia Dios. En estas personas, afirma, es propio del buen espíritu «darles *aliento y fuerzas*».[12]

Cuando san Agustín se siente incapaz de romper su atadura con el pecado, el buen espíritu, representado como la virtud de la continencia personificada «me sonrió y me dio aliento»[13] Esta acción amorosa y alentadora del buen espíritu ayuda a san Agustín a romper la «cadena» que lo ataba al pecado.

Una mujer que ama al Señor se levanta una mañana y camina por el corredor para preparar café y empezar el día. Esa tarde, se reunirá con el médico para obtener los resultados de una biopsia. Entendiblemente, siente miedo. Al caminar por el corredor, ve un afiche colgado en la pared con la parábola de «Huellas en la arena».[14] Por un momento, al pasar, el significado de la parábola habla a su corazón: en nuestros momentos de pena, Dios está cerca, cargándonos a través de la prueba. Su corazón se levanta y ella sabe que el Señor estará con ella ese día en todo lo que suceda. El buen espíritu, de mil formas creativas, da aliento y fuerzas a quienes aman al Señor.

Una mujer activa en la Iglesia en su propio país, emigró a un país nuevo. Se unió a la parroquia local y buscó involucrarse en ella, como de costumbre. La vida parroquial allí, sin embargo, era tan culturalmente diferente que ella la encontró cada vez más difícil. Finalmente, en una misa dominical, ya no pudo más. Cuando empezaron las lecturas, se levantó, salió por el pasillo y empezó a descender por las gradas de la iglesia; se iría y ya no volvería. En ese momento, en la providencia de Dios, una mujer llegó tarde a misa y subió las gradas. Al pasar a la par de la otra, la mujer que entraba le sonrió a la mujer que salía. Ésta última se detuvo, dio la vuelta, y regresó a la iglesia. Al momento de compartir esta historia, ella llevaba ya cuarenta años de ser líder en esa parroquia. Nuevamente, de formas incesantemente creativas, el buen espíritu da aliento y fuerzas a quienes aman y buscan a Dios.

Un hombre que buscaba a Dios con sinceridad se encontraba realizando un trayecto de conversión. En el camino, se encontró luchando espiritualmente. En ese momento, vivía en la ciudad de Nueva York, y describe lo que luego sucedió: «Noche tras noche fui a la catedral romana católica de san Patricio en la quinta avenida y pasé una hora allí rezándole a Dios por su ayuda y guía. Me gustaba estar allí. Era como si la catedral me hablara en una voz silenciosa y resuelta. Parecía que me decía: «Sé paciente. Dios te guiará. Hay noches oscuras en toda

alma—noches oscuras que anteceden al amanecer. Perse-
vera. No te des por vencido. Mantente cerca de Dios en
las dudas y la oscuridad. Él te acompañará a atravesarla».
Fue con esta certeza que pude sobrellevar ese verano».[15]
Aquí también, el buen espíritu le da «aliento y fuerzas» a
quien busca crecer hacia Dios.

   ¿Qué hay de nuestras propias historias? ¿Cómo hemos
experimentado esta acción alentadora y fortalecedora del
buen espíritu cuando necesitábamos crecer en nuestra
vida espiritual?

«Consolaciones»

A veces, el buen espíritu suscita una consciencia viva sobre
la cercanía y amor de Dios en los corazones de estas personas. Entonces, sus corazones crecen con el amor de Dios, y
el gozo de esta experiencia engendra nueva energía espiritual. Ignacio se refiere a estas experiencias con el nombre
de *consolación*.

   Algunos ejemplos servirán para ilustrar esto. En el registro en su diario del 27 de junio de 1916, Raïssa Maritain,
esposa del filósofo Jacques Maritain, describe lo que experi-
mentó en oración esa mañana. Empieza a rezar la Letanía

del Sagrado Corazón de Jesús, y se queda estancada en las primeras palabras: «Kyrie eleison: Misericordia, Señor». Escribe lo siguiente:

> En la primera invocación, *Kyrie eleison* me obligaba a absorberme, mi mente detenida en la Persona del Padre. Imposible cambiar el objeto. Dulzura, atracción, *juventud eterna* del Padre celestial. De repente, un agudo sentido de su cercanía, su ternura, su amor incomprensible que lo impela a reclamar nuestro amor, nuestro pensamiento. Muy conmovida, lloré lágrimas muy dulces . . . El gozo de poderlo llamar Padre con gran ternura, sentirlo tan bondadoso y cercano a mí.[16]

Un cálido levantamiento del corazón, una bendita sensación de la cercanía de Dios y amor, gozo, y las lágrimas que lo expresan: Raïssa experimenta la consolación bendita de Dios.

Una mujer reza a diario con las Escrituras; hoy, su texto es el de la curación de una mujer que padecía flujo de sangre (Marcos 5:25-34). Lee el texto con atención la primera vez, pero nada le habla de forma particular. Vuelve a leer el texto lentamente. Nota cómo esta mujer espera ser curada pero tan sólo como un roce de dedo anónimo entre la multitud. La mujer toca las vestiduras de Jesús y se cura. Pero ahora Jesús pregunta quién lo ha tocado. Los discípulos hacen comentarios obvios sobre la presión de la multitud, pero Jesús sabe; y la mujer sabe.

La mujer que reza con este pasaje ve a esta mujer, ahora curada, que con gran valentía cae de rodillas ante Jesús y le dice toda la verdad. Conforme reza, escucha la primera palabra de la respuesta de Jesús: «Hija», lo que le dice a la mujer que ella es mucho más para él que un roce de dedo anónimo entre una multitud, y que una relación profunda y hermosa se ha establecido entre ellos. Al percibir la respuesta de Jesús, la mujer que reza siente su corazón reconfortado con la conciencia de que Jesús le dice lo mismo a ella: «Hija», y que él la ama también, con toda la riqueza que significa esta palabra. Ella está experimentando una consolación espiritual tierna y generosa.

Todos, en nuestras formas individuales, hemos experimentado consolaciones tales, y las reconocemos acertadamente por los regalos que son. A través de las mismas, los buenos espíritus nos alientan a avanzar en el camino del crecimiento.

«Lágrimas»

Las lágrimas pueden expresar diferentes sentimientos. Estas lágrimas, un regalo del buen espíritu, son lágrimas benditas; el cuerpo que comparte la consciencia del corazón, amor, cercanía, protección y guía de Dios.

Un hombre se levanta y se dirige a la iglesia esta mañana. Llega treinta minutos antes de que empiece la misa y dedica su tiempo, conforme a su práctica habitual, a rezar con el Evangelio del día. Está cansado y desalentado debido a los problemas en el trabajo y en casa. La iglesia es grande, fría y está casi vacía a esta temprana hora.

El Evangelio de este día trata sobre el encuentro de Jesús con sus discípulos en el camino a Emaús (Lucas 24: 13-35). Al leer este texto, el hombre ve a estos dos discípulos, cuyos corazones están entristecidos y que han perdido la esperanza, abandonar la comunidad silenciosamente. Observa cómo Jesús se les acerca, los escucha, y habla con ellos. Observa a sus corazones «lentos» volverse corazones «ardientes» (Lucas 24:25, 32). Luego llegan al pueblo y Jesús parece que viaja más lejos. El hombre escucha la oración de estos dos discípulos, una oración que él también ha pronunciado con frecuencia al Señor: «¡Quédate con nosotros! Porque atardece y el día ya ha declinado» (véase Lucas 24:29). El hombre ve como Jesús aprecia esa oración, entra con ellos, y sus vidas son transformadas por siempre. Al leer esto, el hombre siente las lágrimas asomarse a sus ojos: «Señor, estás conmigo, también, en mi cansancio y desaliento. Escuchas mi oración cuando te llamo en mi necesidad».

La mujer que entra a la casa del fariseo nunca dice palabra alguna sino expresa todo con sus lágrimas (Lucas 7:36-50). Las suyas son lágrimas de consolación. Son lágrimas benditas y sanadoras que expresan el conocimiento de su corazón, quizá por primera vez en su vida, de que ella es acogida, respetada, comprendida, amada y liberada para llevar una vida nueva. Estas son las experiencias bellas de las lágrimas consoladoras y fortalecedoras. Todos, en nuestras diferentes situaciones, hemos experimentado estas lágrimas y atesoramos, acertadamente, la gracia que las inspira.

«Inspiraciones y quietud»

El enemigo trae *falsas razones* a la mente que inquietan el corazón; el buen espíritu trae *inspiraciones* a la mente y *quietud*—es decir, paz—al corazón. Aquí Ignacio subraya una dimensión cognitiva en la acción del buen espíritu; estas inspiraciones traen claridad a la persona y revelan los pasos que se deben tomar. Así mismo, el buen espíritu infunde una *quietud* acogedora del corazón—el descanso, como escribe san Agustín, que buscan nuestros corazones inquietos.

Anteriormente, hablamos de Gerald en la misa dominical y de la homilía de Lucas 11: 1-13: «Señor, enséñanos a orar». Cuando el sacerdote invita a sus feligreses a orar durante diez minutos con las lecturas diarias de la misa, el buen espíritu le trae inspiraciones de Gerald: «Si sencillamente orar una vez a la semana en la misa dominical ya marca esta diferencia, ¿qué sucedería si . . . oro diariamente? . . . podría muy bien organizar mi mañana para apartar diez minutos cada día. Y . . . lo único que tengo que hacer es pedirle ayuda a mi esposa porque ella lo ha estado haciendo durante varios años». El buen espíritu ofrece claridad—inspiraciones—a Gerald con respecto a los siguientes pasos a tomar. Conforme repasamos nuestros trayectos espirituales, todos reconoceremos esta acción del buen espíritu. Por medio de las palabras o el ejemplo de un amigo, cónyuge, o guía espiritual; mediante un sermón; mediante la oración con las Escrituras o ante el Santísimo Sacramento; y de muchas otras formas, el buen espíritu nos ha mostrado el camino para «que el buen obrar siga adelante».

«Facilitando y quitando todo impedimento»

En quienes van ascendiendo hacia Dios, el enemigo *pone impedimentos*; en estas personas el buen espíritu *facilita y quita todo impedimento*. La palabra *todo* expresa la confianza de Ignacio en que, con la ayuda del buen espíritu, *todo* impedimento en este camino hacia el crecimiento será superado.

Volvamos de nuevo a la experiencia de Gerald, más tarde ese mismo domingo, después de la misa llena de gracia. La conversación durante la cena con su hijo adolescente no se resuelve bien y, conforme transcurre la noche, Gerald se desalienta. Ahora sus pensamientos sobre empezar los diez minutos con las Escrituras son diferentes:

«Has estado alejado de la Iglesia durante veinte años
. . . Nunca has leído las Escrituras. ¿Qué te hace pensar
que entenderás alguna cosa allí escrita? ¿Por qué hablar
con tu esposa sobre una práctica que sin duda fracasará?
Sólo te avergonzarás y también la avergonzarás a ella». El
enemigo *pone impedimentos* en el camino de quien busca
ir de bien a mejor subiendo en el servicio de Dios.

Agobiado por estos obstáculos, Gerald está a punto de
renunciar a este nuevo paso. Luego su hija de ocho años
llega a su estudio para darle las buenas noches. Lo abraza
y le dice: «Te amo». «Yo también te amo», le responde
Gerald, abrazándola de vuelta. Algo en el corazón de Gerald se levanta, y cuando ella sale de la habitación, decide:
«Hablaré esta noche con mi esposa como planifiqué esta
mañana y empezaré la oración mañana». Por medio del
amor de su hija, el buen espíritu ha *facilitado y eliminado
todos los impedimentos* en este siguiente paso del crecimiento espiritual de Gerald.

Las tácticas fortalecedoras del buen espíritu: algunos ejemplos

Tomo estos ejemplos, como los del capítulo anterior, de mis diarios. Ellos describen las formas en que he experimentado la acción alentadora del buen espíritu.

«Esto trae paz y esperanza»

Escribí lo siguiente en un momento de dificultad física que exigía que cancelara la mayor parte de mi ministerio. Esta página describe las conclusiones de mi oración del examen diario[17] durante una noche:

Veo dos aproximaciones diferentes a mi situación. Una dice «Se acabó. Ya no harás más apostolado. Y es culpa tuya». Esta voz trae temor, depresión y desolación.

La otra aproximación dice: «El amor de Dios está obrando en todo esto, dándote tiempo para descansar, para orar, para progresar con tu redacción, protegiéndote del peligro de intentar hacer demasiado. El futuro está en manos de Dios, y él te ama. El Padre dará cosas buenas a los que se las pidan (Mateo 7:11)». Esto trae paz y esperanza.

La primera aproximación es la mentira del enemigo. La segunda es el buen espíritu.

Esa noche me sentí impactado por la contrariedad de dos percepciones diferentes de la misma experiencia: las mentiras desalentadoras del enemigo y la acción de «aliento y fortaleza» dada por el buen espíritu. Sabía que hablaría sobre esto en mi próxima reunión de dirección espiritual.

«Encuentro un levantamiento del corazón»

La Virgen María con frecuencia ha sido un «instrumento» del buen espíritu que me da aliento y fuerza. Durante un día de lucha:

De nuevo, María, levantas mi corazón, y yo experimento consolación en medio del cansancio, sintiéndome demasiado solo y preocupado por la redacción que realizo. Pido tu ayuda con todo esto, y encuentro un levantar del corazón. Eres un espacio del buen espíritu para mí.

Y después de terminar un retiro ignaciano de ocho días:

María es la respuesta a las insinuaciones del enemigo en cuanto a que la novedad del retiro se desvanecerá, que las cosas volverán a como eran antes, que la gracia se perderá. Cuando me vuelco hacia ti, María, siento que esto es sólo el principio; que crecerá. Siento «aliento y fuerza».

«¿Por qué alguna vez querría Dios que no fueras a misa?»

Comparto lo siguiente con el permiso del narrador:

Me crié como católico y tuve una buena educación en la fe, pero había estado lejos de la Iglesia durante años. Luego, conocí a mi futura esposa. En nuestra primera cita, caminamos juntos alrededor de un lago. Cuando nos íbamos a despedir, le pregunté:

«¿Volveré a verte?». Ella respondió: «Puedes acompañarme a misa este domingo». No supe cómo contestar, y dije que le respondería.

Esa noche batallé hasta las 2:00 de la mañana, sin poder dormir; yendo y viniendo, sin saber qué hacer. Sentía que no podía ir a misa. Finalmente, a las 2:00 de la mañana, tuve este pensamiento: «¿Por qué no oras?» Me puse de rodillas e intenté orar.

El siguiente pensamiento llegó: «Sólo estas usando la misa para tener una cita. No puedes hacer eso». Luego, llegó otro pensamiento: «¿Por qué alguna vez querría Dios que no fueras a misa?» Esa fue mi respuesta. Volví a la cama, me dormí, y fui con ella a misa ese Domingo. Fue el principio de mi regreso a la Iglesia.

«No sé por qué estoy tan conmovida»

Esta fue una de esas conversaciones en el avión, y nunca la he olvidado. La mujer sentada a mi lado me dijo que estaba a punto de ir a misa por primera vez en diez años. Explicó que fue criada como católica, pero había estada alejada de la Iglesia por largo tiempo. Dijo que sus estudios en la escuela de medicina casi habían concluido, que siempre había sido exitosa, pero que por primera vez afrontaba el fracaso. Sentí el pesar de su corazón cuando preguntó: «Pero ¿cómo puedo volver a Dios? Durante años, cuando todo estuvo bien, lo ignoré. Ahora, sólo porque necesito algo, tengo planes de regresar a misa. ¿Cómo puedo acercarme a Dios así?» Un comentario: estas consideraciones son clásicas instancias de la acción del enemigo de poner impedimentos cuando uno busca acercarse a Dios.

Le pregunté si conocía la parábola del hijo pródigo, y me dijo que no. Le expliqué que cuando el hijo vuelve, su motivo está centrado en su propia necesidad, pero eso es lo único que necesita el padre. El padre corre, se acerca, abraza a su hijo, lo besa, y celebra su regreso con gozo. Esta parábola trajo lágrimas a sus ojos, y vi la luz y la esperanza que despertaron en ella. Ella dijo: «No sé por qué estoy tan conmovida».

Yo sentí que sabía por qué. A través del poder de las Escrituras, el buen espíritu *facilitó y quitó todos los impedimentos* para que ella pudiera progresar en su nuevo trayecto hacia Dios.

Preguntas para la reflexión

Repasa tu experiencia respecto a las cinco tácticas del buen espíritu. Agradécele a Dios por el amor que te muestra a través de las mismas. Prepara tu corazón para recibirlas en el futuro.

¿De que maneras te ha dado Dios ánimo? ¿Fuerzas para avanzar en tu vida espiritual? ¿Por medio de qué personas, lecturas, recursos digitales, eventos, formas de orar? ¿Cómo puedes continuar beneficiándote de estas fuentes de fortaleza?

¿Puedes nombrar una o más experiencias de consolación espiritual—momentos en que has sentido el amor y cercanía del Señor, quizá hasta que te sacan las lágrimas? ¿Cuándo ocurrieron? ¿Qué gracia te dio Dios a través de ellas? Recuerda, y agradécele a Dios. Abre tu corazón para recibir cualesquiera consolaciones futuras que el Señor podrá dar.

Recuerda las inspiraciones que has recibido del Señor, los momentos cuando viste el siguiente paso, cuando viste con claridad hacia dónde te conducía el Señor. ¿Qué frutos surgieron de estas inspiraciones? Pídele al Señor apertura respecto a las inspiraciones que Él pudiera desear dar.

¿Cómo has experimentado la acción de la eliminación de impedimentos por parte del buen espíritu? ¿Puedes recordar los momentos cuando parecía demasiado difícil; que no podías avanzar; cuando estabas listo/a para darte por vencido/a, y el buen espíritu facilitó el camino por medio de la oración, de la Eucaristía, las palabras de un amigo, una homilía o alguien que te sonrió? Permite que tu corazón se ensanche de gratitud a Dios, quien abre el camino y te da todo lo que necesitas.

CAPÍTULO 5

Para encontrar el camino hacia la libertad

«Me ha enviado a proclamar la liberación a los cautivos y . . . para dar la libertad a los oprimidos"

Lucas, 4:18

En su segunda regla, Ignacio nos ayuda a entender las cuatro tácticas del enemigo como las mentiras desalentadoras que son: su *morder*, intentos de *entristecer*nos, de *poner impedimentos* en nuestro camino, y de *inquietar* nuestros corazones con *falsas razones*. No hay vergüenza alguna en experimentar estas tácticas del enemigo. Repito esto debido a su importancia: ¡No hay vergüenza alguna en experimentar estas tácticas del enemigo! Todos las experimentamos. Todo el que ama al Señor las experimenta. Esto es sencillamente lo que significa vivir la vida espiritual en un mundo caído, sí, pero redimido y amado.

Lo que sí importa es estar conscientes de estas tácticas, identificarlas en nuestra experiencia diaria, y rechazarlas firmemente por las mentiras que son. Entonces, ya no somos cautivos. Entonces somos liberados (Lucas 4:18).

En la segunda regla, Ignacio también nos ayuda a entender las cinco tácticas alentadoras del buen espíritu: su alentador ánimo y fuerzas, afectuosa *consolación*, benditas *lágrimas*, iluminadoras *inspiraciones*, y *facilitación de todos los impedimentos*. Conscientes de estas tácticas, identificándolas en nuestra experiencia diaria, y abriendo nuestros corazones para recibirlas, somos liberados para «progresar en hacer el bien» para amar y servir al Señor cuyo amor jamás nos abandona.

Las decisiones importantes ocurren sólo ocasionalmente en la vida espiritual. La más significativa es nuestra elección vocacional. En otros niveles, pueden surgir puntos cruciales, de vez en vez. La mayor parte de la vida espiritual, sin embargo, se vive a nivel cotidiano, con sus fluctuaciones de energía espiritual. El tapiz de nuestras vidas espirituales está tejido con las numerosas decisiones que tomamos cada día, cuando rechazamos el desaliento del enemigo y abrimos nuestros corazones a las intervenciones alentadoras de Dios. Es, precisamente, en esa cotidianidad que la segunda regla de Ignacio ofrece claridad y esperanza.

Por eso es que la segunda regla es tan importante y de tan gran beneficio. Que sea para nosotros, como ha sido para tantos otros, una fuente de libertad en el trayecto espiritual.

El texto de las catorce reglas
Tomadas de la obra
original de san Ignacio

Reglas para hacernos conscientes y entender, en cierta medida, los diferentes movimientos que ocurren en el alma; los buenos, recibirlos, y los malos, rechazarlos. Y estas reglas son más adecuadas para la primera semana.

Primera regla. La primera regla: en las personas que van de pecado capital en pecado capital, acostumbra comúnmente el enemigo proponerles placeres aparentes, haciendo imaginar deleites y placeres sensuales, para más conservarlos y aumentarlos en sus vicios y pecados;

en las cuales personas el buen espíritu usa el modo contrario, punzándoles y remordiéndoles las conciencias por la razón y su capacidad natural de juzgar rectamente.

Segunda regla. La segunda: En las personas que van intensamente purgando sus pecados, y en el servicio de Dios nuestro Señor de bien en mejor subiendo, es el contrario modo que en la primera regla; porque entonces es propio del mal espíritu morder, entristecer, y poner impedimentos, inquietando con falsas razones, para que no pase adelante; y propio del bueno dar ánimo y fuerzas, consolaciones, lágrimas, inspiraciones, y quietud, facilitando y quitando todos impedimentos, para que en el bien obrar proceda adelante.

Tercera regla. La tercera es una consolación espiritual. Llamo consolación, cuando en el ánima se causa alguna moción interior, con la cual viene la ánima a inflamarse en amor de su Criador y Señor; y también, cuando ninguna cosa criada sobre la haz de la tierra, puede amar en sí, sino en el Criador de todas ellas. Asimismo, cuando lanza lágrimas motivas a amor de su Señor, ahora sea por el dolor de sus pecados, o de la pasión de Cristo nuestro Señor, o de otras cosas derechamente ordenadas en su servicio y alabanza. Finalmente, llamo consolación todo aumento de esperanza, fe y caridad, y toda alegría interna, que llama y atrae a las cosas celestiales y a la propia salud de su ánima, aquietándola y pacificándola en su Criador y Señor.

Cuarta regla. La cuarta es de desolación espiritual. Llamo desolación todo lo contrario de la tercera regla, así como oscuridad del ánima, turbación en ella, moción a las cosas bajas y terrenas, inquietud de varias agitaciones y tentaciones, moviendo a infidencia, sin esperanza, sin amor, hallándose toda perezosa, tibia, triste, y como separada de su Criador y Señor. Porque, así como la consolación es contraria a la desolación, de la misma manera los pensamientos que salen de la consolación, son contrarios a los pensamientos que salen de la desolación.

Quinta regla. En tiempo de desolación nunca hacer mudanza, mas estar firme y constante en los propósitos y determinación, en que estaba el día antecedente a la tal desolación, o en la determinación en que estaba en la antecedente consolación. Porque, así como en la consolación nos guía y aconseja más el buen espíritu, así en la desolación el malo, con cuyos consejos no podemos tomar camino para acertar.

Sexto regla. Dado que en la desolación no debemos mudar los primeros propósitos, mucho aprovecha el intenso mudarse contra la misma desolación; así como es en instar más en la oración, meditación, en mucho examinar, y en alargarnos en algún modo conveniente de hacer penitencia.

Séptima regla. La séptima: El que está en desolación considere cómo el Señor le ha dejado en prueba, en sus potencias naturales, para que resista a las varias agitaciones y tentaciones del enemigo; pues puede con el auxilio divino, el cual siempre le queda, aunque claramente no lo sienta; porque el Señor le ha retirado su mucho fervor, crecido amor y gracia intensa, quedándole sin embargo gracia suficiente para la salud eterna.

Octava regla. La octava: El que está en desolación trabaje por estar en paciencia, que es contraria a las vejaciones que le vienen, y piense que será presto consolado, poniendo las diligencias contra la tal desolación, como está dicho en la sexta regla.

Novena regla. La novena: Tres son las causas principales porque nos hallamos desolados: la primera es por ser tibios, perezosos o negligentes en nuestros ejercicios espirituales, y así por nuestras faltas se aleja la consolación espiritual de nosotros; la segunda, por probarnos para cuánto somos capaces, y en cuánto nos alargamos en su servicio y alabanza, sin tanta paga de consolaciones y crecidas gracias; la tercera, por darnos veraz noticia y conocimiento para que internamente sintamos que no es de nosotros traer o tener devoción crecida, amor intenso, lágrimas, ni otra alguna consolación espiritual, mas que todo es don y gracia de Dios nuestro Señor; y porque en cosa ajena no pongamos nido, alzando nuestro entendimiento en alguna soberbia o gloria vana, atribuyendo a nosotros la devoción o las otras partes de la espiritual consolación.

Décima regla. La décima: El que está en consolación piense cómo se habrá [se comportará] en la desolación que después vendrá, tomando nuevas fuerzas para entonces.

Undécima regla. La undécima: El que está consolado procure humillarse y bajarse cuanto puede, pensando cuán para poco es en el tiempo de la desolación sin la tal gracia o consolación. Por el contrario, piense el que está en desolación que puede mucho con la gracia suficiente para resistir a todos sus enemigos, tomando fuerzas en su Criador y Señor.

Duodécima regla. La duodécima: El enemigo se hace como mujer en ser flaco por fuerza y fuerte de grado. Porque así como es propio de la mujer, cuando riñe con algún varón, perder ánimo, dando huida cuando el hombre le muestra mucho rostro; y por el contrario, si el varón comienza a huir perdiendo ánimo, la ira, venganza y ferocidad de la mujer es muy crecida y tan sin mesura: de la misma manera es propio del enemigo enflaquecerse y perder ánimo, dando huida sus tentaciones, cuando la persona que se ejercita en las cosas espirituales pone mucho rostro contra las tentaciones del enemigo, haciendo lo diametralmente opuesto; y por el contrario, si la persona que se ejercita comienza a tener temor y perder ánimo en sufrir las tentaciones, no hay bestia tan fiera sobre la faz de la tierra como el enemigo de la naturaleza humana, en prosecución de su dañada intención con tan crecida malicia.

Decimotercera regla. La decimotercera: Así mismo, se hace como vano enamorado en querer ser secreto y no descubierto. Porque así como el hombre vano, que hablando a mala parte, requiere a una hija de un buen padre, o una mujer de buen marido, quiere que sus palabras y suasiones [sugerencias, sugestiones] sean secretas; y al contrario le desplace mucho, cuando la hija al padre, o la mujer al marido, descubre sus vanas palabras e intención depravada, porque fácilmente colige [entiende] que no podrá salir con la empresa comenzada: de la misma manera, cuando el enemigo de la naturaleza humana trae sus astucias y suasiones [sugerencias, sugestiones] al ánima justa, quiere y desea que sean recibidas y tenidas en secreto; mas cuando las descubre a su buen confesor, o a otra persona espiritual que conozca sus engaños y malicias, mucho le pesa; porque colige [comprende] que no podrá salir con su malicia comenzada, en ser descubiertos sus engaños manifiestos.

Decimocuarta regla. La decimocuarta: Asimismo se comporta como un caudillo, para vencer y robar lo que desea; porque así como un capitán y caudillo del campo, asentando su real y mirando las fuerzas o disposición de un castillo, lo combate por la parte más débil: de la misma manera el enemigo de la naturaleza humana, rodeando, mira en torno todas nuestras virtudes teologales, cardinales y morales, y por donde nos halla más flacos y más necesitados para nuestra salud eterna, por allí nos bate y procura tomarnos.

El texto de las catorce reglas
Versión contemporánea de las catorce reglas

1. Cuando una persona vive una vida de pecado grave, el enemigo llena la imaginación de imágenes de placeres sensuales; el buen espíritu punza y muerde en la consciencia de la persona, la acción amorosa de Dios, que llama a la persona de vuelta.

2. Cuando tratas de evitar el pecado y amar a Dios, esto se revierte: ahora el enemigo intenta morder, desalentar, y entristecer; el bueno espíritu te da

aliento y fuerzas, inspiraciones, facilitando el camino hacia adelante.

3. Cuando tu corazón encuentra gozo en Dios, un sentido de cercanía y amor de Dios, estás experimentando la consolación espiritual. ¡Abre tu corazón al don de Dios!

4. Cuando tu corazón está desalentado, tienes poca energía para lo espiritual, y Dios se siente lejano, estás experimentando la desolación espiritual. ¡Resiste y rechaza esta táctica del enemigo!

5. «¡En un momento de desolación, nunca hagas un cambio!» Cuando estés en desolación espiritual, nunca cambies cosa alguna de tu vida espiritual.

6. Cuando te encuentres en desolación espiritual, usa estos cuatro medios: oración (¡pídele ayuda a Dios!), meditación (piensa en los versos de la Biblia, verdades sobre el amor fiel de Dios, recuerdos de la fidelidad de Dios hacia ti en el pasado), examinación (pregunta:

«¿Qué estoy sintiendo? ¿Cómo empezó esto?»), y la penitencia adecuada (no sólo te des por vencido y te sumerjas en las redes sociales, la música, las películas . . .). ¡Mantente firme de maneras adecuadas!

7. Cuando te encuentres en desolación espiritual, *piensa* en esta verdad: Dios me está dando toda la gracia que necesito para atravesar la desolación de forma segura.

8. Cuando te encuentres en desolación espiritual, sé paciente, mantén el rumbo, y recuerda que la consolación volverá antes de lo que la desolación te dice.

9. ¿Por qué permite, el Dios que nos ama, que experimentemos la desolación espiritual? Para ayudarnos a ver los cambios que necesitamos hacer; para fortalecernos en nuestra resistencia a la desolación; y para ayudarnos a no bajar la guardia en la vida espiritual.

10. Cuando te encuentres en consolación espiritual, recuerda que la desolación volverá en algún momento, y prepárate para eso.

11. La persona de discernimiento madura: no está descuidadamente elevada en la consolación ni desesperadamente reducida en la desolación, sino humilde en la consolación y confiada en la desolación.

12. Resiste las tentaciones del enemigo precisamente en el principio. Aquí es donde se hace más fácil.

13. Cuando encuentres tu corazón cargado de penas en tu vida espiritual—tentaciones, confusión, desaliento— encuentra a una persona espiritual, sabia y competente y habla con ella sobre esto.

14. Identifica el área de tu vida en donde tengas mayor vulnerabilidad a las tentaciones y mentiras desalentadoras del enemigo, y fortalécela.

Notas

1   Timothy M. Gallagher, OMV, *Setting Captives Free: Personal Reflections on Ignatian Discernment of Spirits* (New York: Crossroad, 2018).

2   Ignacio también elaboró un Segundo conjunto de ocho reglas para el discernimiento (*SpirEx* 328–336). Estas reglas tratan con cuestiones de discernimiento que trascienden el alcance de este libro. Para conocer sobre este segundo conjunto de reglas, consulta Timothy M. Gallagher, OMV, *Spiritual Consolation: An Ignatian Guide for the Greater Discernment of Spirits* (New York: Crossroad, 2006).

3   Dorothy Day, *The Long Loneliness* (San Francisco: Harper & Row, 1952), 10.

4   Para acceder al texto de esta regla, consulta los apéndices.

5   Traducción del autor. Véase Timothy M. Gallagher, OMV, *The Discernment of Spirits: An Ignatian Guide to Everyday Living* (New York: Crossroad, 2005), 7.

6   Ignacio a la hermana Teresa Rejadell, 18 de junio de 1536, en William Young, SJ, *Letters of Saint Ignatius of Loyola* (Chicago: Loyola University Press, 1959), 21. Énfasis agregado.

7   *Autobiography*, párr. 22. Traducción del autor del original en Manuel Ruiz Jurado, SJ, ed., San Ignacio de Loyola: Obras (Madrid: Biblioteca de Autores Cristianos, 2013), 42.

8   Ignacio a la Hermana Teresa Rejadell. Véase Timothy M. Gallagher, OMV, *Discernment of Spirits*, 40.

9   R. S. Pine-Coffin, trad., *Saint Augustine: Confessions* (Harmondsworth, UK: Penguin Books, 1961), 8.11, pp. 175–76. Véase Gallagher, *Discernment of Spirits*, 29.

10 Leo Tolstoy, *Resurrection*, trad. Rosemary Edmonds (London: Penguin, 1966), 141. Véase Gallagher, *Discernment of Spirits*, 194n6.

11 *Ascent of Mount Carmel*, 1.12.6, en Kieran Kavanaugh, OCD, y Otilio Rodriguez, OCD, trad., *The Collected Works of St. John of the Cross* (Washington, DC: ICS Publications, 1991), 147.

12 *dándole ánimo y fuerzas* (*SpirEx* 7); *dar ánimo y fuerzas* (*SpirEx* 315).

13 Pine-Coffin, *Saint Augustine: Confessions*, 8.11, p. 176.

14 A continuación, se presentan las palabras conclusivas de este bello mensaje: "El Señor respondió, mi hijo precioso, ¡yo te amo y nunca te dejaría! Durante tus pruebas y sufrimiento, cuando lo único que venías era un par de huellas, era porque yo te estaba cargando.» Véase www.wowzone.com/fprints.htm. (para la versión en inglés)

15 William Kernan, *My Road to Certainty* (New York: D. McKay Co., 1953), 63.

16 Jacques Maritain, ed., *Raïssa's Journal* (Albany, NY: Magi Books, 1974), 35. Véase Gallagher, *Discernment of Spirits*, 47. Para conocer el tratado completo de la consolación spiritual, véase Gallagher, *Discernment of Spirits*, 47–57, y *Setting Captives Free*, 45–66.

17 La oración del examen es un ejercicio ignaciano de oración en el que las personas repasan su experiencia espiritual del día. Véase Timothy Gallagher, OMV, *The Examen Prayer: Ignatian Wisdom for Our Lives Today* (New York: Crossroad, 2006).

Recursos

En este libro nos hemos enfocado en una de las catorce reglas de Ignacio. ¡Obviamente, se puede decir mucho más sobre las mismas! Aquí enumero tres libros que he escrito sobre estas reglas:

The Discernment of Spirits: An Ignatian Guide to Everyday Living. New York: Crossroad, 2005.

Setting Captives Free: Personal Reflections on Ignatian Discernment of Spirits. New York: Crossroad, 2018.

A Reader's Guide to The Discernment of Spirits: An Ignatian Guide to Everyday Living. New York: Crossroad, 2013.

Sobre el autor

El padre Timothy M. Gallagher, OMV, fue ordenado en 1979 como miembro de los Oblatos de la Virgen María, una comunidad religiosa dedicada a retiros y formación espiritual, conforme a los Ejercicios espirituales de san Ignacio. Luego de obtener su doctorado en 1983 de la Universidad Gregoriana, impartió clases (St. John's Seminary Residence, Boston, Massachusetts), apoyó en el trabajo de formación y sirvió, durante dos mandatos, como provinciano en su propia comunidad. Ha dedicado muchos años al extenso ministerio internacional de retiros, dirección espiritual, y a la enseñanza de la vida espiritual. Es un ponente frecuente en EWTN, y sus charlas de grabación digital se utilizan a escala internacional. Ha escrito muchos libros sobre el discernimiento y la oración ignacianas; sobre la vida y enseñanzas espirituales del venerable Bruno Lanteri, fundador de los Oblatos; y sobre la Liturgia de las horas. Actualmente ostenta la presidencia de san Ignacio para la formación espiritual en el *St. John Vianney Theological Seminary* (el seminario teológico de san John Vianney) en Denver.

¿Cuál título ignaciano es el que adecuado para ti?
Timothy Gallagher, OMV

Cientos de miles de lectores recurren a los títulos ignacianos del padre Gallagher para obtener explicaciones confiables, de inspiración y claras sobre algunos de los aspectos más importantes de la espiritualidad cristiana. Ya sea que seas director espiritual, sacerdote, ministro, alguien que ha buscado la espiritualidad por mucho tiempo, o un principiante, los libros del padre Gallagher tienen mucho que ofrecer en diferentes momentos de la vida.

Cuando necesitas ejercicios cortos y prácticos, tanto para jóvenes como para adultos mayores:

An Ignatian Introduction to Prayer
Los líderes que buscan ejercicios prácticos para grupos, inclusive aquellos grupos que no tengan mucha experiencia en el desarrollo espiritual, seguramente querrán

adquirir *An Ignatian Introduction to Prayer: Scriptural Reflections According to the Spiritual Exercises*. Este libro incluye cuarenta meditaciones ignacianas cortas (de dos páginas), con pasajes de las Escrituras, claves meditativas para entrar a la historia bíblica, y preguntas guiadas, para la reflexión. Estos ejercicios también son útiles para la reflexión individual, tanto para personas con experiencia como para principiantes; los principiantes reconocerán y les resonarán algunos de los pasajes evocativos de la Escrituras; aquellos familiarizados con las enseñanzas ignacianas apreciarán la estructura ignaciana de las preguntas guiadas.

| *Ignatian Introduction to Prayer* | Paperback 9780824524876   EPUB 9780824521905 |
| | Mobipocket 9780824521912 |

Cuando buscas una introducción corta y accesible a las enseñanzas de Ignacio sobre cómo responder a las luchas en la vida espiritual diaria:

Frente a las luchas de la vida espiritual:
Un camino ignaciano hacia la libertad

Este libro, mediante explicaciones claras y muchos ejemplos prácticos, nos introduce a las reglas de Ignacio para el discernimiento de los espíritus. Está enfocado en la (segunda) regla que aclara la experiencia espiritual de quienes aman a Dios, buscan vivir de forma coherente, y que luchan.

When You Struggle in the Spiritual Life   Paperback 9780824597023

Cuando tu vida se encuentra en una encrucijada:

Discerning the Will of God

Si te enfrentas a un momento decisivo en la vida, sabes lo difícil que puede ser intentar escuchar la voluntad de Dios entre el ruido de las expectativas de otros y tus propios deseos. Ignacio de Loyola desarrolló una serie de ejercicios y reflexiones creada para ayudarte en estos momentos, para que tu decisión pueda estar conforme a la voluntad de Dios para tu vida. *Discerning the Will of God: An Ignatian Guide to Christian Decision Making* es una guía confiable para utilizar esas reflexiones en tus propias circunstancias particulares. Esta guía, que no exige conocimiento previo alguno de la espiritualidad ignaciana, puede ser utilizada por personas de cualquier fe, aunque algunos elementos aplicarán de forma más directa a los lectores católicos. Este libro es ampliamente utilizado y constituye la base de una serie televisiva.

Discerning the Will of God   Paperback 9780824524890   EPUB 9780824526399
Mobipocket 9780824526405   DVD Video 9780824520335   CD 9780824520274

Cuando buscas una disciplina espiritual clásica para utilizar cada día:

The Examen Prayer y *Meditation and Contemplation*

Quienes desean intensificar su vida de oración haciendo uso de una disciplina espiritual encontrarán que *The Examen Prayer* es un recurso importante. Esta oración del examen diario es un recurso poderoso y cada vez más popular para encontrar la mano de Dios en nuestra vida cotidiana y aprender a ser receptivos a las bendiciones de Dios. Este libro, fácil de leer, utiliza historias y ejemplos para explicar lo que es el examen diario, cómo empezar a rezar esta oración, cómo podemos adaptarla a nuestra vida particular, y sobre sus beneficios para nuestra vida. ¡Es sumamente práctico!

Debido a que *The Examen Prayer* atañe las experiencias de la vida cotidiana, se sostiene por sí misma como una guía para la oración del examen diario. Quienes buscan iniciar su práctica de medicación y contemplación, que para Ignacio siempre se basa en las Escrituras, podrán escoger sus propios pasajes de las Escrituras o servirse de los cuarenta ejemplos en el libro *An Ignatian Introduction to Prayer*, al que se ha hecho referencia anteriormente.

Examen Prayer   Paperback 9780824523671   EPUB 9780824549725
Mobipocket 9780824549763   CD 9780824521851   MP3 9780824523251

Otro favorito es *Meditation and Contemplation: An Ignatian Guide to Praying with Scripture*. Cualquier persona familiarizada con la espiritualidad ignaciana ha escuchado sobre la meditación y contemplación. En este tomo, el padre Gallagher explica aquello que es singular a cada práctica, nos muestra cómo beneficiarnos de ambas en diferentes momentos de nuestra vida espiritual, y revela algunos elementos olvidados (como los pasos de preparación y el coloquio) y cómo la estructura puede ser adaptada a nuestras necesidades espirituales específicas. Este libro, al igual que *The Examen Prayer*, ha sido presentado como una serie televisiva.

Meditation and Contemplation   Paperback 9780824524883   EPUB 9780824549732
                                   Mobipocket 9780824549770

Cuando estás listo para profundizar más en el pensamiento ignaciano:

The Discernment of Spirits, Setting Captives Free, y Spiritual Consolation

Los directores espirituales, quienes reciben dirección y los otros que desean entender las estructuras más profundas del pensamiento ignaciano han llegado a apoyarse en *The Discernment of Spirits: En Ignatian Guide to Everyday*

Living. Este libro nos conduce a través de las Reglas de Ignacio para el discernimiento, mostrándonos tanto su discernimiento y comprensión precisa dentro del alma humana como su capacidad para ilustrar las luchas reales de los buscadores espirituales en la actualidad. Como escribe el padre Gallagher, su objetivo práctico es «ofrecer una presentación basada en la experiencia de las reglas para el discernimiento de los espíritus para facilitar el uso continuo de las mismas en la vida espiritual. Este libro trata sobre vivir la vida espiritual.» Debido a que establece el cimiento de tantos otros aspectos del pensamiento ignaciano, *The Discernment of Spirits* se ha convertido en el libro más vendido del padre Gallagher y constituye la base para una serie televisiva.

Discernment of Spirits Paperback	9780824522919	EPUB 9780824549718
Mobipocket 9780824549756	CD 9780824520045	MP3 9780824523244

Discernment of Spirits: A Reader's Guide	Paperback 9780824549855

Discernimiento de los espíritus	Paperback 9780824522186

En *Setting Captives Free: Personal Reflections on Ignatian Discernment of Spirits*, el padre Gallagher retoma el contenido de *The Discernment of Spirits*, y lo explora más a fondo, con más discernimiento y comprensión sobre las reglas de Ignacio y una riqueza de ejemplos adicionales, inclusive de muchos de su experiencia propia.

Setting Captives Free	Paperback 9780824599072 EPUB 9780824599393
	Mobipocket 9780824599409

Spiritual Consolation: An Ignatian Guide for the Greater Discernment of Spirits, utiliza el mismo enfoque, basado en la experiencia, para explicar y aplicar las segundas reglas de Ignacio para el discernimiento. Brinda claridad respecto al discernimiento sensible y complejo que Ignacio aborda en estas reglas.

Spiritual Consolation	Paperback 9780824524296 EPUB 9780824549749
	Mobipocket 9780824549787

Cuando desees compartir las enseñanzas ignacianas con otros:

A Handbook for Spiritual Directors y Teaching Discernment

Cuando se les pide a los directores espirituales que acompañen a quienes están recibiendo dirección mientras disciernen la voluntad de Dios en las decisiones que enfrentan, los directores recurren rápidamente a Ignacio para obtener orientación en esta delicada tarea. En *A Handbook for Spiritual Directors: An Ignatian Guide for Accompanying Discernment of God's Will*, el padre Gallagher ofrece un planteamiento sistemático y claro de las enseñanzas de Ignacio, preparándolos para ayudar a quienes reciben dirección, con capacidad y confianza.

Handbook for Spiritual Directors	Paperback 9780824521714 EPUB 9780824501440
	Mobipocket 9780824501457

En *Teaching Discernment: A Pedagogy for Presenting Ignatian Discernment of Spirits*, el padre Gallagher comparte el enfoque para enseñar las reglas de discernimiento de Ignacio que él ha formulado a lo largo de cuarenta años de ministerio. Este enfoque, basado en la atención estrecha a las propias palabras de Ignacio y el uso abundante de ejemplos concretos, ha facilitado el acceso a estas reglas para miles de personas alrededor del mundo. Este libro prepara a los lectores para compartir las reglas con otros, de manera efectiva.

Teaching Discernment	Paperback 9780824599355 EPUB 9780824599713
	Mobipocket 9780824599720

Otros libros escritos por el padre Timothy Gallagher

Praying the Liturgy of the Hours	Paperback 9780824520328 EPUB 9780824520434
	Mobipocket 9780824520458

Begin Again Paperback	9780824525798 EPUB 9780824520281
	Mobipocket 9780824520298